PREFÁCIO

A coleção de frases de viagem "Vai tudo correr bem!" publicada pela T&P Books é concebida para pessoas que vão ao estrangeiro em viagens de turismo e negócios. Os livros de frases contêm o que é mais importante - o essencial para uma comunicação básica. Este é um conjunto indispensável de frases para "sobreviver" no estrangeiro.

Este Guia de Conversação irá ajudá-lo na maioria das situações em que precise de perguntar alguma coisa, obter direções, saber quanto custa algo, etc. Pode também resolver situações de difícil comunicação onde os gestos simplesmente não ajudam.

Este livro contém uma série de frases que foram agrupadas de acordo com os tópicos mais relevantes. Também encontrará um mini dicionário com palavras úteis - números, tempo, calendário, cores ...

Leve consigo para a estrada o Guia de Conversação "Vai tudo correr bem!" e terá um companheiro de viagem insubstituível, que irá ajudá-lo a encontrar o seu caminho em qualquer situação e ensiná-lo a não recear falar com estrangeiros.

TABELA DE CONTEÚDOS

T&P Books Publishing

Coleção Guias de Conversação
"Vai tudo correr bem!"

T&P Books Publishing

GUIA DE CONVERSAÇÃO
— FRANCÊS —

Andrey Taranov

AS PALAVRAS E AS FRASES MAIS ÚTEIS

Este guia de conversação contém frases e perguntas comuns essenciais para uma comunicação básica com estrangeiros

T&P BOOKS

Frases + dicionário de 250 palavras

Guia de Conversação Português-Francês e mini dicionário 250 palavras

Por Andrey Taranov

A coleção de frases de viagem "Vai tudo correr bem!" publicada pela T&P Books é concebida para pessoas que vão ao estrangeiro em viagens de turismo e negócios. Os livros de frases contêm o que é mais importante - o essencial para uma comunicação básica. Este é um conjunto indispensável de frases para "sobreviver" no estrangeiro.

Também encontrará um mini dicionário com 250 palavras úteis necessárias para a comunicação do dia a dia - os nomes dos meses e dias da semana, medidas, membros da família e muito mais.

Editora T&P Books
www.tpbooks.com

ISBN: 978-1-78492-581-9

Este livro também está disponível em formato E-book.
Por favor visite www.tpbooks.com ou as principais livrarias on-line.

PRONÚNCIA

Letra	Exemplo Francês	Alfabeto fonético T&P	Exemplo Português

Vogais

Letra	Exemplo Francês	Alfabeto fonético T&P	Exemplo Português
A a	cravate	[a]	chamar
E e	mer	[ɛ]	mesquita
I i [1]	hier	[j]	géiser
I i [2]	musique	[i]	sinónimo
O o	porte	[o], [ɔ]	noite
U u	rue	[y]	questionar
Y y [3]	yacht	[j]	géiser
Y y [4]	type	[i]	sinónimo

Consoantes

Letra	Exemplo Francês	Alfabeto fonético T&P	Exemplo Português
B b	robe	[b]	barril
C c [5]	place	[s]	sanita
C c [6]	canard	[k]	kiwi
Ç ç	leçon	[s]	sanita
D d	disque	[d]	dentista
F f	femme	[f]	safári
G g [7]	page	[ʒ]	talvez
G g [8]	gare	[g]	gosto
H h	héros	[h]	[h] mudo
J j	jour	[ʒ]	talvez
K k	kilo	[k]	kiwi
L l	aller	[l]	libra
M m	maison	[m]	magnólia
N n	nom	[n]	natureza
P p	papier	[p]	presente
Q q	cinq	[k]	kiwi
R r	mars	[r]	[r] vibrante
S s [9]	raison	[z]	sésamo
S s [10]	sac	[s]	sanita
T t	table	[t]	tulipa
V v	verre	[v]	fava
W w	Taïwan	[w]	página web

Letra	Exemplo Francês	Alfabeto fonético T&P	Exemplo Português
X x [11]	expliquer	[ks]	perplexo
X x [12]	exact	[gz]	Yangtzé
X x [13]	dix	[s]	sanita
X x [14]	dixième	[z]	sésamo
Z z	zéro	[z]	sésamo

Combinações de letras

ai	faire	[ɛ]	mesquita
au	faute	[o], [oː]	noite
ay	payer	[eɪ]	seis
ei	treize	[ɛ]	mesquita
eau	eau	[o], [oː]	noite
eu	beurre	[ø]	orgulhoso
œ	œil	[ø]	orgulhoso
œu	cœur	[øː]	orgulhoso
ou	nous	[u]	bonita
oi	noir	[wa]	Taiwan
oy	voyage	[wa]	Taiwan
qu	quartier	[k]	kiwi
ch	chat	[ʃ]	mês
th	thé	[t]	tulipa
ph	photo	[f]	safári
gu [15]	guerre	[g]	gosto
ge [16]	géographie	[ʒ]	talvez
gn	ligne	[ɲ]	ninhada
on, om	maison, nom	[ɔ̃]	anaconda

Comentários

[1] antes de vogais
[2] noutras situações
[3] antes de vogais
[4] noutras situações
[5] antes de **e, i, y**
[6] noutras situações
[7] antes de **e, i, y**
[8] noutras situações
[9] entre duas vogais
[10] noutras situações
[11] na maioria dos casos
[12] raramente
[13] em **dix, six, soixante**

[14] em **dixième, sixième**
[15] antes de **e, i, u**
[16] antes de **a, o, y**

LISTA DE ABREVIATURAS

Abreviaturas do Português

adj	-	adjetivo
adv	-	advérbio
anim.	-	animado
conj.	-	conjunção
desp.	-	desporto
etc.	-	etecetra
ex.	-	por exemplo
f	-	nome feminino
f pl	-	feminino plural
fem.	-	feminino
inanim.	-	inanimado
m	-	nome masculino
m pl	-	masculino plural
m, f	-	masculino, feminino
masc.	-	masculino
mat.	-	matemática
mil.	-	militar
pl	-	plural
prep.	-	preposição
pron.	-	pronome
sb.	-	sobre
sing.	-	singular
v aux	-	verbo auxiliar
vi	-	verbo intransitivo
vi, vt	-	verbo intransitivo, transitivo
vp	-	verbo pronominal
vt	-	verbo transitivo

Abreviaturas do Francês

adj	-	adjetivo
adv	-	advérbio
conj	-	conjunção
etc.	-	etecetra
f	-	nome feminino
f pl	-	feminino plural

m	-	nome masculino
m pl	-	masculino plural
m, f	-	masculino, feminino
pl	-	plural
prep	-	preposição
pron	-	pronome
v aux	-	verbo auxiliar
v imp	-	verbo impessoal
vi	-	verbo intransitivo
vi, vt	-	verbo intransitivo, transitivo
vp	-	verbo pronominal
vt	-	verbo transitivo

GUIA DE CONVERSAÇÃO FRANCÊS

Esta secção contém frases
importantes que podem vir
a ser úteis em várias
situações da vida real.
O Guia de Conversação irá
ajudá-lo a pedir orientações,
esclarecer um preço,
comprar bilhetes e pedir
comida num restaurante

T&P Books Publishing

CONTEÚDO DO GUIA DE CONVERSAÇÃO

T&P Books Publishing

O mínimo

Desculpe, ...

Excusez-moi, ...
[ɛkskyze mwa, ...]

Olá!

Bonjour
[bɔ̃ʒuːr]

Obrigado /Obrigada/.

Merci
[mɛrsi]

Adeus.

Au revoir
[o rǝvwaːr]

Sim.

Oui
[wi]

Não.

Non
[nɔ̃]

Não sei.

Je ne sais pas.
[ʒǝ nǝ sɛ pɑ]

Onde? | Para onde? | Quando?

Où? | Où? | Quand?
[u? | u? | kɑ̃?]

Preciso de ...

J'ai besoin de ...
[ʒe bǝzwɛ̃ dǝ ...]

Eu queria ...

Je veux ...
[ʒǝ vø ...]

Tem ...?

Avez-vous ... ?
[ave vu ...?]

Há aqui ...?

Est-ce qu'il y a ... ici?
[ɛs kilja ... isí?]

Posso ...?

Puis-je ... ?
[pɥiʒ ...?]

..., por favor

..., s'il vous plaît
[..., sil vu plɛ]

Estou à procura de ...

Je cherche ...
[ʒǝ ʃɛrʃ ...]

casa de banho

les toilettes
[le twalɛt]

Multibanco

un distributeur
[œ̃ distribytœːr]

farmácia

une pharmacie
[yn farmasi]

hospital

l'hôpital
[lɔpital]

esquadra de polícia

le commissariat de police
[lǝ kɔmisarja dǝ polis]

metro

une station de métro
[yn stasjɔ̃ dǝ metro]

táxi	**un taxi** [œ̃ taksi]
estação de comboio	**la gare** [la gar]

Chamo-me …	**Je m'appelle …** [ʒə mapɛl …]
Como se chama?	**Comment vous appelez-vous?** [kɔmɑ̃ vuzaple-vu?]
Pode-me dar uma ajuda?	**Aidez-moi, s'il vous plaît.** [ɛde-mwa, sil vu plɛ]
Tenho um problema.	**J'ai un problème.** [ʒe œ̃ prɔblɛm]
Não me sinto bem.	**Je ne me sens pas bien.** [ʒə nə mə sɑ̃ pɑ bjɛ̃]
Chame a ambulância!	**Appelez une ambulance!** [aple yn ɑ̃bylɑ̃:s!]
Posso fazer uma chamada?	**Puis-je faire un appel?** [pɥiʒ fɛr œn apɛl?]

Desculpe.	**Excusez-moi.** [ɛkskyze mwa]
De nada.	**Je vous en prie.** [ʒə vuzɑ̃pri]

eu	**je, moi** [ʒə, mwa]
tu	**tu, toi** [ty, twa]
ele	**il** [il]
ela	**elle** [ɛl]
eles	**ils** [il]
elas	**elles** [ɛl]
nós	**nous** [nu]
vocês	**vous** [vu]
você	**Vous** [vu]

ENTRADA	**ENTRÉE** [ɑ̃tre]
SAÍDA	**SORTIE** [sɔrti]
FORA DE SERVIÇO	**HORS SERVICE | EN PANNE** [ɔr sɛrvis | ɑ̃ pan]
FECHADO	**FERMÉ** [fɛrme]

ABERTO

OUVERT
[uvɛr]

PARA SENHORAS

POUR LES FEMMES
[pur le fam]

PARA HOMENS

POUR LES HOMMES
[pur le zɔm]

Perguntas

Onde?	**Où?** [u?]
Para onde?	**Où?** [u?]
De onde?	**D'où?** [du?]
Porquê?	**Pourquoi?** [purkwa?]
Porque razão?	**Pour quelle raison?** [pur kɛl rɛzɔ̃?]
Quando?	**Quand?** [kɑ̃?]

Quanto tempo?	**Combien de temps?** [kɔ̃bjɛ̃ də tɑ̃?]
A que horas?	**À quelle heure?** [a kɛl œ:r?]
Quanto?	**C'est combien?** [sɛ kɔ̃bjɛ̃?]
Tem ...?	**Avez-vous ... ?** [ave vu ...?]
Onde fica ...?	**Où est ..., s'il vous plaît?** [u ɛ ..., sil vu plɛ?]

Que horas são?	**Quelle heure est-il?** [kɛl œr ɛ-til?]
Posso fazer uma chamada?	**Puis-je faire un appel?** [pɥiʒ fɛr œn apɛl?]
Quem é?	**Qui est là?** [ki ɛ la?]
Posso fumar aqui?	**Puis-je fumer ici?** [pɥiʒ fyme isi?]
Posso ...?	**Puis-je ...?** [pɥiʒ ...?]

Necessidades

Eu gostaria de ... | **Je voudrais ...** [ʒə vudrɛ ...]
Eu não quero ... | **Je ne veux pas ...** [ʒə nə vø pɑ ...]
Tenho sede. | **J'ai soif.** [ʒe swaf]
Eu quero dormir. | **Je veux dormir.** [ʒə vø dɔrmi:r]

Eu queria ... | **Je veux ...** [ʒə vø ...]
lavar-me | **me laver** [mə lave]
escovar os dentes | **brosser mes dents** [brɔse me dɑ̃]
descansar um pouco | **me reposer un instant** [mə rəpoze œn ɛ̃stɑ̃]
trocar de roupa | **changer de vêtements** [ʃɑ̃ʒe də vɛtmɑ̃]

voltar ao hotel | **retourner à l'hôtel** [rəturne a lotɛl]
comprar ... | **acheter ...** [aʃte ...]
ir para ... | **aller à ...** [ale a ...]
visitar ... | **visiter ...** [vizite ...]
encontrar-me com ... | **rencontrer ...** [rɑ̃kɔ̃tre ...]
fazer uma chamada | **faire un appel** [fɛr œn apɛl]

Estou cansado /cansada/. | **Je suis fatigué /fatiguée/** [ʒə sɥi fatige]
Nós estamos cansados /cansadas/. | **Nous sommes fatigués /fatiguées/** [nu sɔm fatige]
Tenho frio. | **J'ai froid.** [ʒe frwɑ]
Tenho calor. | **J'ai chaud.** [ʒe ʃo]
Estou bem. | **Je suis bien.** [ʒə sɥi bjɛ̃]

Preciso de telefonar.

Il me faut faire un appel.
[il mə fo fɛr œn apɛl]

Preciso de ir à casa de banho.

J'ai besoin d'aller aux toilettes.
[ʒe bəzwɛ̃ dale o twalɛt]

Tenho de ir.

Il faut que j'aille.
[il fo kə ʒaj]

Tenho de ir agora.

Je dois partir maintenant.
[ʒə dwa partir mɛ̃tnɑ̃]

Perguntando por direções

Desculpe, ...
Excusez-moi, ...
[ɛkskyze mwa, ...]

Onde fica ...?
Où est ..., s'il vous plaît?
[u ɛ ..., sil vu plɛ?]

Para que lado fica ...?
Dans quelle direction est ... ?
[dɑ̃ kɛl dirɛksjɔ̃ ɛ ... ?]

Pode-me dar uma ajuda?
Pouvez-vous m'aider, s'il vous plaît?
[puve vu mɛde, sil vu plɛ?]

Estou à procura de ...
Je cherche ...
[ʒə ʃɛrʃ ...]

Estou à procura da saída.
La sortie, s'il vous plaît?
[la sɔrti, sil vu plɛ?]

Eu vou para ...
Je vais à ...
[ʒə ve a ...]

Estou a ir bem para ...?
C'est la bonne direction pour ...?
[sɛ la bɔn dirɛksjɔ̃ pur ...?]

Fica longe?
C'est loin?
[sɛ lwɛ̃?]

Posso ir até lá a pé?
Est-ce que je peux y aller à pied?
[ɛskə ʒə pø i ale a pje?]

Pode-me mostrar no mapa?
Pouvez-vous me le montrer sur la carte?
[puve vu mə lə mɔ̃tre syr la kart?]

Mostre-me onde estamos de momento.
Montrez-moi où sommes-nous, s'il vous plaît.
[mɔ̃tre-mwa u sɔm-nu, sil vu plɛ]

Aqui
Ici
[isi]

Ali
Là-bas
[labɑ]

Por aqui
Par ici
[par isi]

Vire à direita.
Tournez à droite.
[turne a drwat]

Vire à esquerda.
Tournez à gauche.
[turne a goʃ]

primeira (segunda, terceira) curva	**Prenez la première (deuxième, troisième) rue.** [prəne la prəmjɛr (døzjɛm, trwɑzjɛm) ry]
para a direita	**à droite** [a drwat]
para a esquerda	**à gauche** [a goʃ]
Vá sempre em frente.	**Continuez tout droit.** [kɔ̃tinɥe tu drwa]

Sinais

BEM-VINDOS!	**BIENVENUE!** [bjɛ̃vny!]
ENTRADA	**ENTRÉE** [ɑ̃tre]
SAÍDA	**SORTIE** [sɔrti]
EMPURRAR	**POUSSEZ** [puse]
PUXAR	**TIREZ** [tire]
ABERTO	**OUVERT** [uvɛr]
FECHADO	**FERMÉ** [fɛrme]
PARA SENHORAS	**POUR LES FEMMES** [pur le fam]
PARA HOMENS	**POUR LES HOMMES** [pur le zɔm]
HOMENS, CAVALHEIROS (M)	**MESSIEURS (M)** [məsjø]
SENHORAS (F)	**FEMMES (F)** [fam]
DESCONTOS	**RABAIS | SOLDES** [rabɛ | sɔld]
SALDOS	**PROMOTION** [prɔmɔsjɔ̃]
GRATUITO	**GRATUIT** [gratɥi]
NOVIDADE!	**NOUVEAU!** [nuvo!]
ATENÇÃO!	**ATTENTION!** [atɑ̃sjɔ̃!]
NÃO HÁ VAGAS	**COMPLET** [kɔ̃plɛ]
RESERVADO	**RÉSERVÉ** [rezɛrve]
ADMINISTRAÇÃO	**ADMINISTRATION** [administrasjɔ̃]
ACESSO RESERVADO	**PERSONNEL SEULEMENT** [pɛrsɔnɛl sœlmɑ̃]

CUIDADO COM O CÃO

ATTENTION AU CHIEN!
[atɑ̃sjõ o ʃjɛ̃!]

NÃO FUMAR!

NE PAS FUMER!
[nə pɑ fyme!]

NÃO MEXER!

NE PAS TOUCHER!
[nə pɑ tuʃe!]

PERIGOSO

DANGEREUX
[dɑ̃ʒrø]

PERIGO

DANGER
[dɑ̃ʒe]

ALTA TENSÃO

HAUTE TENSION
[ot tɑ̃sjõ]

PROIBIDO NADAR

BAIGNADE INTERDITE!
[bɛɲad ɛ̃tɛrdit!]

FORA DE SERVIÇO

HORS SERVICE | EN PANNE
[ɔr sɛrvis | ɑ̃ pan]

INFLAMÁVEL

INFLAMMABLE
[ɛ̃flamabl]

PROIBIDO

INTERDIT
[ɛ̃tɛrdi]

PASSAGEM PROIBIDA

ENTRÉE INTERDITE!
[ɑ̃tre ɛ̃tɛrdit!]

PINTADO DE FRESCO

PEINTURE FRAÎCHE
[pɛ̃tyr frɛʃ]

FECHADO PARA OBRAS

FERMÉ POUR TRAVAUX
[fɛrme pur travɔ]

TRABALHOS NA VIA

TRAVAUX EN COURS
[travɔ ɑ̃ kur]

DESVIO

DÉVIATION
[devjasjõ]

Transportes. Frases gerais

avião	**avion** [avjɔ̃]
comboio	**train** [trɛ̃]
autocarro	**bus, autobus** [bys, otɔbys]
ferri	**ferry** [feri]
táxi	**taxi** [taksi]
carro	**voiture** [vwatyr]

horário	**horaire** [ɔrɛr]
Onde posso ver o horário?	**Où puis-je voir l'horaire?** [u pɥiʒ vwar lɔrɛːr?]
dias de trabalho	**jours ouvrables** [ʒur uvrabl]
fins de semana	**jours non ouvrables** [ʒur nɔn uvrabl]
férias	**jours fériés** [ʒur ferje]

PARTIDA	**DÉPART** [depar]
CHEGADA	**ARRIVÉE** [arive]
ATRASADO	**RETARDÉE** [rətarde]
CANCELADO	**ANNULÉE** [anyle]

próximo (comboio, etc.)	**prochain** [prɔʃɛ̃]
primeiro	**premier** [prəmje]
último	**dernier** [dɛrnje]

Quando é o próximo ...?	**À quelle heure est le prochain ...?** [a kɛl œr ɛ lə prɔʃɛ̃ ...?]
Quando é o primeiro ...?	**À quelle heure est le premier ...?** [a kɛl œr ɛ lə prəmje ...?]

Quando é o último ...?

À quelle heure est le dernier ...?
[a kɛl œr ɛ lə dɛrnje ...?]

transbordo

correspondance
[kɔrɛspɔ̃dãs]

fazer o transbordo

prendre la correspondance
[prãdr la kɔrɛspɔ̃dãs]

Preciso de fazer o transbordo?

Dois-je prendre la correspondance?
[dwaʒ prãdr la kɔrɛspɔ̃dãs?]

Comprando bilhetes

Onde posso comprar bilhetes?	**Où puis-je acheter des billets?** [u pɥiʒ aʃte de bijɛ?]
bilhete	**billet** [bijɛ]
comprar um bilhete	**acheter un billet** [aʃte œ̃ bijɛ]
preço do bilhete	**le prix d'un billet** [lə pri dœ̃ bijɛ]

Para onde?	**Pour aller où?** [pur ale u?]
Para que estação?	**Quelle destination?** [kɛl dɛstinasjɔ̃?]
Preciso de …	**Je voudrais …** [ʒə vudrɛ …]
um bilhete	**un billet** [œ̃ bijɛ]
dois bilhetes	**deux billets** [dø bijɛ]
três bilhetes	**trois billets** [trwɑ bijɛ]

só de ida	**aller simple** [ale sɛ̃pl]
de ida e volta	**aller-retour** [ale-rətur]
primeira classe	**première classe** [prəmjɛr klɑs]
segunda classe	**classe économique** [klɑs ekɔnɔmik]

hoje	**aujourd'hui** [oʒurdɥi]
amanhã	**demain** [dəmɛ̃]
depois de amanhã	**après-demain** [aprɛdmɛ̃]
de manhã	**dans la matinée** [dɑ̃ la matine]
à tarde	**l'après-midi** [laprɛmidi]
ao fim da tarde	**dans la soirée** [dɑ̃ la sware]

lugar de corredor

siège côté couloir
[sjɛʒ kote kulwar]

lugar à janela

siège côté fenêtre
[sjɛʒ kote fənɛtr]

Quanto?

C'est combien?
[sɛ kɔ̃bjɛ̃?]

Posso pagar com cartão de crédito?

Puis-je payer avec la carte?
[pɥiʒ peje avɛk la kart?]

Autocarro

autocarro	**bus, autobus** [otɔbys]
camioneta (autocarro interurbano)	**autocar** [otɔkar]
paragem de autocarro	**arrêt d'autobus** [arɛ dotɔbys]
Onde é a paragem de autocarro mais perto?	**Où est l'arrêt d'autobus le plus proche?** [u ɛ larɛ dotɔbys lə ply prɔʃ?]
número	**numéro** [nymero]
Qual o autocarro que apanho para ...?	**Quel bus dois-je prendre pour aller à ...?** [kɛl bys dwaʒ prɑ̃dr pur ale a ...?]
Este autocarro vai até ...?	**Est-ce que ce bus va à ...?** [ɛskə sə bys va a ...?]
Com que frequência passam os autocarros?	**L'autobus passe tous les combien?** [lotɔbys pɑs tu le kɔ̃bjɛ̃?]
de 15 em 15 minutos	**chaque quart d'heure** [ʃak kar dœr]
de meia em meia hora	**chaque demi-heure** [ʃak dəmiœr]
de hora a hora	**chaque heure** [ʃak œr]
várias vezes ao dia	**plusieurs fois par jour** [plyzjœr fwa par ʒur]
... vezes ao dia	**... fois par jour** [... fwa par ʒur]
horário	**horaire** [ɔrɛr]
Onde posso ver o horário?	**Où puis-je voir l'horaire?** [u pɥiʒ vwar lɔrɛːr?]
Quando é o próximo autocarro?	**À quelle heure passe le prochain bus?** [a kɛl œr pɑs lə prɔʃɛ̃ bys?]
Quando é o primeiro autocarro?	**À quelle heure passe le premier bus?** [a kɛl œr pɑs lə prəmje bys?]
Quando é o último autocarro?	**À quelle heure passe le dernier bus?** [a kɛl œr pɑs lə dɛrnje bys?]

paragem

arrêt
[arɛ]

próxima paragem

prochain arrêt
[prɔʃɛn arɛ]

última paragem

terminus
[tɛrminys]

Pare aqui, por favor.

Pouvez-vous arrêter ici, s'il vous plaît.
[puve vu arɛte isi, sil vu plɛ]

Desculpe, esta é a minha paragem.

Excusez-moi, c'est mon arrêt.
[ɛkskyze mwa, sɛ mõn arɛ]

Comboio

comboio	**train** [trɛ̃]
comboio sub-urbano	**train de banlieue** [trɛ̃ də bɑ̃ljø]
comboio de longa distância	**train de grande ligne** [trɛ̃ də grɑ̃d liɲ]
estação de comboio	**la gare** [la gar]
Desculpe, onde fica a saída para a plataforma?	**Excusez-moi, où est la sortie vers les quais?** [ɛkskyze mwa, u ɛ la sɔrti vɛr le ke?]

Este comboio vai até ...?	**Est-ce que ce train va à ...?** [ɛskə sə trɛ̃ va a ...?]
próximo comboio	**le prochain train** [lə prɔʃɛ̃ trɛ̃]
Quando é o próximo comboio?	**À quelle heure est le prochain train?** [a kɛl œr ɛ lə prɔʃɛ̃ trɛ̃?]
Onde posso ver o horário?	**Où puis-je voir l'horaire?** [u pɥiʒ vwar lɔrɛ:r?]
Apartir de que plataforma?	**De quel quai?** [də kɛl ke?]
Quando é que o comboio chega a ...?	**À quelle heure arrive le train à ...?** [a kɛl œr ariv lə trɛ̃ a ...?]

Ajude-me, por favor.	**Pouvez-vous m'aider, s'il vous plaît?** [puve-vu mɛde, sil vu plɛ?]
Estou à procura do meu lugar.	**Je cherche ma place.** [ʒə ʃerʃ ma plas]
Nós estamos à procura dos nossos lugares.	**Nous cherchons nos places.** [nu ʃerʃɔ̃ no plas]
O meu lugar está ocupado.	**Ma place est occupée.** [ma plas ɛtokype]
Os nossos lugares estão ocupados.	**Nos places sont occupées.** [no plas sɔ̃ ɔkype]

Peço desculpa mas este é o meu lugar.	**Excusez-moi, mais c'est ma place.** [ɛkskyze mwa, mɛ sɛ ma plas]
Este lugar está ocupado?	**Est-ce que cette place est libre?** [ɛskə sɛt plas ɛ li:br?]
Posso sentar-me aqui?	**Puis-je m'asseoir ici?** [pɥiʒ maswar isi?]

No comboio. Diálogo (Sem bilhete)

Bilhete, por favor.
Votre billet, s'il vous plaît.
[vɔtr bijɛ, sil vu plɛ]

Não tenho bilhete.
Je n'ai pas de billet.
[ʒə ne pɑ də bijɛ]

Perdi o meu bilhete.
J'ai perdu mon billet.
[ʒe pɛrdy mɔ̃ bijɛ]

Esqueci-me do bilhete em casa.
J'ai oublié mon billet à la maison.
[ʒe ublije mɔ̃ bijɛ a la mɛzɔ̃]

Pode comprar um bilhete a mim.
Vous pouvez m'acheter un billet.
[vu puve maʃte œ̃ bijɛ]

Terá também de pagar uma multa.
Vous devrez aussi payer une amende.
[vu dəvre osi peje yn amɑ̃d]

Está bem.
D'accord.
[dakɔːr]

Onde vai?
Où allez-vous?
[u ale-vu?]

Eu vou para ...
Je vais à …
[ʒə ve a …]

Quanto é? Eu não entendo.
Combien? Je ne comprend pas.
[kɔ̃bjɛ̃? ʒə nə kɔ̃prɑ̃ pɑ]

Escreva, por favor.
Pouvez-vous l'écrire, s'il vous plaît.
[puve vu lekrir, sil vu plɛ]

Está bem. Posso pagar com cartão de crédito?
D'accord. Puis-je payer avec la carte?
[dakɔːr. pɥiʒ peje avɛk la kart?]

Sim, pode.
Oui, bien sûr.
[wi, bjɛ̃ syːr]

Aqui tem a sua fatura.
Voici votre reçu.
[vwasi vɔtr rəsy]

Desculpe pela multa.
Désolé pour l'amende.
[dezɔle pur lamɑ̃ːd]

Não tem mal. A culpa foi minha.
Ça va. C'est de ma faute.
[sa va. sɛ də ma fot]

Desfrute da sua viagem.
Bon voyage.
[bɔ̃ vwajaːʒ]

Taxi

táxi	**taxi** [taksi]
taxista	**chauffeur de taxi** [ʃofœr də taksi]
apanhar um táxi	**prendre un taxi** [prɑ̃dr œ̃ taksi]
paragem de táxis	**arrêt de taxi** [arɛ də taksi]
Onde posso apanhar um táxi?	**Où puis-je trouver un taxi?** [u pɥiʒ truve œ̃ taksi?]

chamar um táxi	**appeler un taxi** [aple œ̃ taksi]
Preciso de um táxi.	**Il me faut un taxi.** [il mə fo œ̃ taksi]
Agora.	**maintenant** [mɛ̃tnɑ̃]
Qual é a sua morada?	**Quelle est votre adresse?** [kɛl ɛ vɔtr adrɛs?]
A minha morada é ...	**Mon adresse est ...** [mɔn adrɛs ɛ ...]
Qual o seu destino?	**Votre destination?** [vɔtr dɛstinasjɔ̃?]

Desculpe, ...	**Excusez-moi, ...** [ɛkskyze mwa, ...]
Está livre?	**Vous êtes libre ?** [vuzɛt libr?]
Em quanto fica a corrida até ...?	**Combien ça coûte pour aller à ...?** [kɔ̃bjɛ̃ sa kut pur ale a ...?]
Sabe onde é?	**Vous savez où ça se trouve?** [vu save u sa sə tru:v?]

Para o aeroporto, por favor.	**À l'aéroport, s'il vous plaît.** [a laerɔpɔ:r, sil vu plɛ]
Pare aqui, por favor.	**Arrêtez ici, s'il vous plaît.** [arɛte isi, sil vu plɛ]
Não é aqui.	**Ce n'est pas ici.** [sə nɛ pɑ isi]
Esta morada está errada. (Não é aqui)	**C'est la mauvaise adresse.** [sɛ la mɔvɛz adrɛs]
Vire à esquerda.	**tournez à gauche** [turne a goʃ]

Vire à direita.	**tournez à droite** [turne a drwat]
Quanto lhe devo?	**Combien je vous dois?** [kõbjɛ̃ ʒə vu dwa?]
Queria fatura, por favor.	**J'aimerais avoir un reçu,** **s'il vous plaît.** [ʒɛmrɛ avwar œ̃ rəsy, sil vu plɛ]
Fique com o troco.	**Gardez la monnaie.** [garde la mɔnɛ]

Espere por mim, por favor.	**Attendez-moi, s'il vous plaît ...** [atɑ̃de-mwa, sil vu plɛ ...]
5 minutos	**cinq minutes** [sɛ̃k minyt]
10 minutos	**dix minutes** [di minyt]
15 minutos	**quinze minutes** [kɛ̃z minyt]
20 minutos	**vingt minutes** [vɛ̃ minyt]
meia hora	**une demi-heure** [yn dəmiœr]

Hotel

Olá!	**Bonjour.** [bõʒuːr]
Chamo-me ...	**Je m'appelle ...** [ʒə mapɛl ...]
Tenho uma reserva.	**J'ai réservé une chambre.** [ʒe rezɛrve yn ʃãːbr]

Preciso de ...	**Je voudrais ...** [ʒə vudrɛ ...]
um quarto de solteiro	**une chambre simple** [yn ʃãbr sɛ̃pl]
um quarto de casal	**une chambre double** [yn ʃãbr dubl]
Quanto é?	**C'est combien?** [sɛ kõbjɛ̃?]
Está um pouco caro.	**C'est un peu cher.** [sɛtœ̃pø ʃɛːr]

Não tem outras opções?	**Avez-vous autre chose?** [ave vu otr ʃoːz?]
Eu fico com ele.	**Je vais la prendre.** [ʒə ve la prãdr]
Eu pago em dinheiro.	**Je vais payer comptant.** [ʒə ve peje kõtã]

Tenho um problema.	**J'ai un problème.** [ʒe œ̃ problɛm]
O meu ... está partido /A minha ... está partida/.	**... est cassé /cassée/** [... ɛ kɑse]
O meu ... está avariado /A minha ... está avariada/.	**... ne fonctionne pas.** [... nə fõksjɔn pɑ]
televisor (m)	**la télé ...** [la tele ...]
ar condicionado (m)	**air conditionné ...** [ɛr kõdisjɔne ...]
torneira (f)	**le robinet ...** [lə rɔbinɛ ...]

duche (m)	**ma douche ...** [ma duʃ ...]
lavatório (m)	**mon évier ...** [mon evje ...]
cofre (m)	**mon coffre-fort ...** [mõ kɔfr-fɔr ...]

fechadura (f)	**la serrure de porte …** [la seryr də port …]
tomada elétrica (f)	**la prise électrique …** [la priz elɛktrik …]
secador de cabelo (m)	**mon sèche-cheveux …** [mɔ̃ sɛʃ ʃəvø …]

Não tenho …	**Je n'ai pas …** [ʒə ne pɑ …]
água	**d'eau** [do]
luz	**de lumière** [də lymjɛr]
eletricidade	**d'électricité** [delɛktrisite]

Pode dar-me …?	**Pouvez-vous me donner …?** [puve vu mə dɔne …?]
uma toalha	**une serviette** [yn sɛrvjɛt]
um cobertor	**une couverture** [yn kuvɛrtyr]
uns chinelos	**des pantoufles** [de pɑ̃tufl]
um roupão	**une robe de chambre** [yn rɔb də ʃɑ̃br]
algum champô	**du shampooing** [dy ʃɑ̃pwɛ̃]
algum sabonete	**du savon** [dy savɔ̃]

Gostaria de trocar de quartos.	**Je voudrais changer ma chambre.** [ʒə vudrɛ ʃɑ̃ʒe ma ʃɑ̃:br]
Não consigo encontrar a minha chave.	**Je ne trouve pas ma clé.** [ʒə nə truv pɑ ma kle]
Abra-me o quarto, por favor.	**Pourriez-vous ouvrir ma chambre, s'il vous plaît?** [purje-vu uvrir ma ʃɑ̃:br, sil vu plɛ?]
Quem é?	**Qui est là?** [ki ɛ la?]
Entre!	**Entrez!** [ɑ̃tre!]
Um minuto!	**Une minute!** [yn minyt!]

Agora não, por favor.	**Pas maintenant, s'il vous plaît.** [pɑ mɛ̃tnɑ̃, sil vu plɛ]
Venha ao meu quarto, por favor.	**Pouvez-vous venir à ma chambre, s'il vous plaît.** [puve vu vənir a ma ʃɑ̃:br, sil vu plɛ]

Gostaria de encomendar comida.	**J'aimerais avoir le service d'étage.** [ʒɛmrɛ avwar lə sɛrvis deta:ʒ]
O número do meu quarto é ...	**Mon numéro de chambre est le ...** [mɔ̃ nymero də ʃɑ̃br ɛ lə ...]

Estou de saída ...	**Je pars ...** [ʒə par ...]
Estamos de saída ...	**Nous partons ...** [nu partɔ̃ ...]
agora	**maintenant** [mɛ̃tnɑ̃]
esta tarde	**cet après-midi** [sɛt aprɛmidi]
hoje à noite	**ce soir** [sə swar]
amanhã	**demain** [dəmɛ̃]
amanhã de manhã	**demain matin** [dəmɛ̃ matɛ̃]
amanhã ao fim da tarde	**demain après-midi** [dəmɛ̃ aprɛmidi]
depois de amanhã	**après-demain** [aprɛdmɛ̃]

Gostaria de pagar.	**Je voudrais régler mon compte.** [ʒə vudrɛ regle mɔ̃ kɔ̃:t]
Estava tudo maravilhoso.	**Tout était merveilleux.** [tutetɛ mɛrvɛjø]
Onde posso apanhar um táxi?	**Où puis-je trouver un taxi?** [u pɥiʒ truve œ̃ taksi?]
Pode me chamar um táxi, por favor?	**Pourriez-vous m'appeler un taxi, s'il vous plaît?** [purje-vu maple œ̃ taksi, sil vu plɛ?]

Restaurante

Posso ver o menu, por favor?	**Puis-je voir le menu, s'il vous plaît?** [pɥiʒ vwar lə məny, sil vu plɛ?]
Mesa para um.	**Une table pour une personne.** [yn tabl pur yn pɛrsɔn]
Somos dois (três, quatro).	**Nous sommes deux (trois, quatre).** [nu sɔm dø (trwɑ, katr)]
Para fumadores	**Fumeurs** [fymœr]
Para não fumadores	**Non-fumeurs** [nɔ̃-fymœr]
Por favor!	**S'il vous plaît!** [sil vu plɛ!]
menu	**menu** [məny]
lista de vinhos	**carte des vins** [kart de vɛ̃]
O menu, por favor.	**Le menu, s'il vous plaît.** [lə məny, sil vu plɛ]
Já escolheu?	**Êtes-vous prêts à commander?** [ɛt-vu prɛ a kɔmɑ̃de?]
O que vai tomar?	**Qu'allez-vous prendre?** [kale-vu prɑ̃dr?]
Eu quero …	**Je vais prendre …** [ʒə ve prɑ̃dr …]
Eu sou vegetariano /vegetariana/.	**Je suis végétarien.** [ʒə sɥi veʒetarjɛ̃]
carne	**viande** [vjɑ̃d]
peixe	**poisson** [pwasɔ̃]
vegetais	**légumes** [legym]
Tem pratos vegetarianos?	**Avez-vous des plats végétariens?** [ave vu de plɑ veʒetarjɛ̃?]
Não como porco.	**Je ne mange pas de porc.** [ʒə nə mɑ̃ʒ pɑ də pɔːr]
Ele /ela/ não come porco.	**Il /elle/ ne mange pas de viande.** [il /ɛl/ nə mɑ̃ʒ pɑ də vjɑ̃:d]
Sou alérgico /alérgica/ a …	**Je suis allergique à …** [ʒə sɥi alɛrʒik a …]

Por favor, pode trazer-me ...?

**Pourriez-vous m'apporter ...,
s'il vous plaît.**
[purje-vu maporte ... ,
sil vu plɛ]

sal | pimenta | açucar

le sel | le poivre | du sucre
[lə sɛl | lə pwavr | dy sykr]

café | chá | sobremesa

un café | un thé | un dessert
[œ̃ kafe | œ̃ te | œ̃ desɛr]

água | com gás | sem gás

de l'eau | gazeuse | plate
[də lo | gɑzøz | plat]

uma colher | um garfo | uma faca

**une cuillère | une fourchette |
un couteau**
[yn kɥijɛr | yn furʃɛt |
œ̃ kuto]

um prato | um guardanapo

une assiette | une serviette
[yn asjɛt | yn sɛrvjɛt]

Bom apetite!

Bon appétit!
[bɔn apeti!]

Mais um, por favor.

Un de plus, s'il vous plaît.
[œ̃ də plys, sil vu plɛ]

Estava delicioso.

C'était délicieux.
[setɛ delisjø]

conta | troco | gorjeta

**l'addition | de la monnaie |
le pourboire**
[ladisjɔ̃ | də la mɔnɛ | lə purbwar]

A conta, por favor.

L'addition, s'il vous plaît.
[ladisjɔ̃, sil vu plɛ]

Posso pagar com cartão de crédito?

Puis-je payer avec la carte?
[pɥiʒ peje avɛk la kart?]

Desculpe, mas tem um erro aqui.

**Excusez-moi, je crois qu'il y a une
erreur ici.**
[ɛkskyze mwa, ʒə krwa kilja yn
ɛrœr isi]

Centro Comercial

Posso ajudá-lo /ajudá-la/?	**Est-ce que je peux vous aider?** [ɛskə ʒə pø vuzɛde?]
Tem …?	**Avez-vous … ?** [ave vu …?]
Estou à procura de …	**Je cherche …** [ʒə ʃɛrʃ …]
Preciso de …	**Il me faut …** [il mə fo …]

Estou só a ver.	**Je regarde seulement, merci.** [ʒə rəgard sœlmã, mɛrsi]
Estamos só a ver.	**Nous regardons seulement, merci.** [nu rəgardõ sœlmã, mɛrsi]
Volto mais tarde.	**Je reviendrai plus tard.** [ʒə rəvjɛ̃dre ply ta:r]
Voltamos mais tarde.	**On reviendra plus tard.** [õ rəvjɛ̃dra ply ta:r]
descontos | saldos	**Rabais | Soldes** [rabɛ | sɔld]

Mostre-me, por favor …	**Montrez-moi, s'il vous plaît …** [mõtre-mwa, sil vu plɛ …]
Dê-me, por favor …	**Donnez-moi, s'il vous plaît …** [dɔne-mwa, sil vu plɛ …]
Posso experimentar?	**Est-ce que je peux l'essayer?** [ɛskə ʒə pø lesɛje?]
Desculpe, onde fica a cabine de prova?	**Excusez-moi, où est la cabine d'essayage?** [ɛkskyze mwa, u ɛ la kabin desɛja:ʒ?]
Que cor prefere?	**Quelle couleur aimeriez-vous?** [kɛl kulœr ɛmərje-vu?]
tamanho | cvomprimento	**taille | longueur** [tɑj | lõgœr]
Como lhe fica?	**Est-ce que la taille convient ?** [ɛskə la tɑj kõvjɛ̃?]

Quanto é que isto custa?	**Combien ça coûte?** [kõbjɛ̃ sa kut?]
É muito caro.	**C'est trop cher.** [sɛ tro ʃɛ:r]
Eu fico com ele.	**Je vais le prendre.** [ʒə ve lə prɑ̃dr]

Desculpe, onde fica a caixa?	**Excusez-moi, où est la caisse?** [ɛkskyze mwa, u ɛ la kɛs?]
Vai pagar a dinheiro ou com cartão de crédito?	**Payerez-vous comptant ou par carte de crédit?** [pɛjre-vu kõtã u par kart də kredi?]
A dinheiro | com cartão de crédito	**Comptant | par carte de crédit** [kõtã | par kart də kredi]

Pretende fatura?	**Voulez-vous un reçu?** [vule vu œ̃ rəsy?]
Sim, por favor.	**Oui, s'il vous plaît.** [wi, sil vu plɛ]
Não. Está bem!	**Non, ce n'est pas nécessaire.** [nõ, sə nɛ pɑ nesesɛ:r]
Obrigado /Obrigada/. Tenha um bom dia!	**Merci. Bonne journée!** [mɛrsi. bɔn ʒurne!]

Na cidade

Desculpe, por favor …	**Excusez-moi, …** [ɛkskyze mwa, …]
Estou à procura …	**Je cherche …** [ʒə ʃɛrʃ …]
do metro	**le métro** [lə metro]
do meu hotel	**mon hôtel** [mɔn otɛl]
do cinema	**le cinéma** [lə sinema]
da praça de táxis	**un arrêt de taxi** [œn arɛ də taksi]
do multibanco	**un distributeur** [œ̃ distribytœːr]
de uma casa de câmbio	**un bureau de change** [œ̃ byro də ʃɑ̃ʒ]
de um café internet	**un café internet** [œ̃ kafe ɛ̃tɛrnɛt]
da rua …	**la rue …** [la ry …]
deste lugar	**cette place-ci** [sɛt plas-si]
Sabe dizer-me onde fica …?	**Savez-vous où se trouve …?** [save vu u sə truv …?]
Como se chama esta rua?	**Quelle est cette rue?** [kɛl ɛ sɛt ry?]
Mostre-me onde estamos de momento.	**Montrez-moi où sommes-nous,** **s'il vous plaît.** [mɔ̃tre-mwa u sɔm-nu, sil vu plɛ]
Posso ir até lá a pé?	**Est-ce que je peux y aller à pied?** [ɛskə ʒə pø i ale a pje?]
Tem algum mapa da cidade?	**Avez-vous une carte de la ville?** [ave vu yn kart də la vil?]
Quanto custa a entrada?	**C'est combien pour un ticket?** [sɛ kɔ̃bjɛ̃ pur œ̃ tikɛ?]
Pode-se fotografar aqui?	**Est-ce que je peux faire des photos?** [ɛskə ʒə pø fɛr de fɔto?]
Estão abertos?	**Êtes-vous ouvert?** [ɛt-vu uvɛːr?]

A que horas abrem?

À quelle heure ouvrez-vous?
[a kɛl œr uvre-vu?]

A que horas fecham?

À quelle heure fermez-vous?
[a kɛl œr fɛrme-vu?]

Dinheiro

dinheiro	**argent** [arʒɑ̃]
a dinheiro	**argent liquide** [arʒɑ̃ likid]
dinheiro de papel	**des billets** [de bijɛ]
troco	**petite monnaie** [pətit mɔnɛ]
conta | troco | gorjeta	**l'addition | de la monnaie | le pourboire** [ladisjɔ̃ | də la mɔnɛ | lə purbwar]
cartão de crédito	**carte de crédit** [kart də kredi]
carteira	**portefeuille** [pɔrtəfœj]
comprar	**acheter** [aʃte]
pagar	**payer** [peje]
multa	**amende** [amɑ̃d]
gratuito	**gratuit** [gratɥi]
Onde é que posso comprar ...?	**Où puis-je acheter ... ?** [u pɥiʒ aʃte ...?]
O banco está aberto agora?	**Est-ce que la banque est ouverte en ce moment?** [ɛskə la bɑ̃k ɛtuvɛrt ɑ̃ sə mɔmɑ̃?]
Quando abre?	**À quelle heure ouvre-t-elle?** [a kɛl œr uvr-tɛl?]
Quando fecha?	**À quelle heure ferme-t-elle?** [a kɛl œr fɛrm-tɛl?]
Quanto?	**C'est combien?** [sɛ kɔ̃bjɛ̃?]
Quanto custa isto?	**Combien ça coûte?** [kɔ̃bjɛ̃ sa kut?]
É muito caro.	**C'est trop cher.** [sɛ tro ʃɛːr]

Desculpe, onde fica a caixa?	**Excusez-moi, où est la caisse?** [ɛkskyze mwa, u ɛ la kɛs?]
A conta, por favor.	**L'addition, s'il vous plaît.** [ladisjɔ̃, sil vu plɛ]
Posso pagar com cartão de crédito?	**Puis-je payer avec la carte?** [pɥiʒ peje avɛk la kart?]
Há algum Multibanco aqui?	**Est-ce qu'il y a un distributeur ici?** [ɛskilja œ̃ distribytœːr isi?]
Estou à procura de um Multibanco.	**Je cherche un distributeur.** [ʒə ʃɛrʃ œ̃ distribytœːr]

Estou à procura de uma casa de câmbio.	**Je cherche un bureau de change.** [ʒə ʃɛrʃ œ̃ byro də ʃɑ̃ːʒ]
Eu gostaria de trocar ...	**Je voudrais changer ...** [ʒə vudrɛ ʃɑ̃ʒe ...]
Qual a taxa de câmbio?	**Quel est le taux de change?** [kɛl ɛ lə to də ʃɑ̃ːʒ?]
Precisa do meu passaporte?	**Avez-vous besoin de mon passeport?** [ave vu bəzwɛ̃ də mɔ̃ paspɔːr?]

Tempo

Que horas são?	**Quelle heure est-il?** [kɛl œr ɛ-til?]
Quando?	**Quand?** [kɑ̃?]
A que horas?	**À quelle heure?** [a kɛl œ:r?]
agora | mais tarde | depois ...	**maintenant | plus tard | après ...** [mɛ̃tnɑ̃ | ply tar | aprɛ ...]
uma em ponto	**une heure** [yn œ:r]
uma e quinze	**une heure et quart** [yn œ:r e kar]
uma e trinta	**une heure et demie** [yn œ:r e dəmi]
uma e quarenta e cinco	**deux heures moins quart** [døzœr mwɛ̃ kar]
um | dois | três	**un | deux | trois** [œ̃ | dø | trwɑ]
quatro | cinco | seis	**quatre | cinq | six** [katr | sɛ̃k | sis]
set | oito | nove	**sept | huit | neuf** [sɛt | ɥit | nœf]
dez | onze | doze	**dix | onze | douze** [dis | ɔ̃z | duz]
dentro de ...	**dans ...** [dɑ̃ ...]
5 minutos	**cinq minutes** [sɛ̃k minyt]
10 minutos	**dix minutes** [di minyt]
15 minutos	**quinze minutes** [kɛ̃z minyt]
20 minutos	**vingt minutes** [vɛ̃ minyt]
meia hora	**une demi-heure** [yn dəmiœr]
uma hora	**une heure** [yn œ:r]

de manhã	dans la matinée [dɑ̃ la matine]
de manhã cedo	tôt le matin [to lə matɛ̃]
esta manhã	ce matin [sə matɛ̃]
amanhã de manhã	demain matin [dəmɛ̃ matɛ̃]

ao meio-dia	à midi [a midi]
à tarde	dans l'après-midi [dɑ̃ laprɛmidi]
à noite (das 18h às 24h)	dans la soirée [dɑ̃ la sware]
esta noite	ce soir [sə swar]

à noite (da 0h às 6h)	la nuit [la nɥi]
ontem	hier [jɛr]
hoje	aujourd'hui [oʒurdɥi]
amanhã	demain [dəmɛ̃]
depois de amanhã	après-demain [aprɛdmɛ̃]

Que dia é hoje?	Quel jour sommes-nous aujourd'hui? [kɛl ʒur sɔm-nu oʒurdɥi?]
Hoje é ...	Nous sommes ... [nu sɔm ...]
segunda-feira	lundi [lœ̃di]
terça-feira	mardi [mɑrdi]
quarta-feira	mercredi [mɛrkrədi]

quinta-feira	jeudi [ʒødi]
sexta-feira	vendredi [vɑ̃drədi]
sábado	samedi [samdi]
domingo	dimanche [dimɑ̃ʃ]

Saudações. Apresentações

Olá!

Bonjour.
[bɔ̃ʒuːr]

Prazer em conhecê-lo /conhecê-la/.

Enchanté /Enchantée/
[ɑ̃ʃɑ̃te]

O prazer é todo meu.

Moi aussi.
[mwa osi]

Apresento-lhe ...

Je voudrais vous présenter ...
[ʒə vudrɛ vu prezɑ̃te ...]

Muito prazer.

Ravi /Ravie/ de vous rencontrer.
[ravi də vu rɑ̃kɔ̃tre.]

Como está?

Comment allez-vous?
[kɔmɑ̃talevu?]

Chamo-me ...

Je m'appelle ...
[ʒə mapɛl ...]

Ele chama-se ...

Il s'appelle ...
[il sapɛl ...]

Ela chama-se ...

Elle s'appelle ...
[ɛl sapɛl ...]

Como é que o senhor /a senhora/ se chama?

Comment vous appelez-vous?
[kɔmɑ̃ vuzaple-vu?]

Como é que ela se chama?

Quel est son nom?
[kɛl ɛ sɔ̃ nɔ̃?]

Como é que ela se chama?

Quel est son nom?
[kɛl ɛ sɔ̃ nɔ̃?]

Qual o seu apelido?

Quel est votre nom de famille?
[kɛl ɛ vɔtr nɔ̃ də famij?]

Pode chamar-me ...

Vous pouvez m'appeler ...
[vu puve maple ...]

De onde é?

D'où êtes-vous?
[du ɛt-vu?]

Sou de ...

Je suis de ...
[ʒə sɥi də ...]

O que faz na vida?

Qu'est-ce que vous faites dans la vie?
[kɛs kə vu fɛt dɑ̃ la vi?]

Quem é este?

Qui est-ce?
[ki ɛs?]

Quem é ele?

Qui est-il?
[ki ɛ-til?]

Quem é ela?

Qui est-elle?
[ki ɛtɛl?]

Quem são eles?

Qui sont-ils?
[ki sɔ̃ til?]

Este é ...	**C'est ...**
	[sɛ ...]
o meu amigo	**mon ami**
	[mɔn ami]
a minha amiga	**mon amie**
	[mɔn ami]
o meu marido	**mon mari**
	[mɔ̃ mari]
a minha mulher	**ma femme**
	[ma fam]

o meu pai	**mon père**
	[mɔ̃ pɛr]
a minha mãe	**ma mère**
	[ma mɛr]
o meu irmão	**mon frère**
	[mɔ̃ frɛr]
a minha irmã	**ma soeur**
	[ma sœr]
o meu filho	**mon fils**
	[mɔ̃ fis]
a minha filha	**ma fille**
	[ma fij]

Este é o nosso filho.	**C'est notre fils.**
	[sɛ nɔtr fis]
Este é a nossa filha.	**C'est notre fille.**
	[sɛ nɔtr fij]
Estes são os meus filhos.	**Ce sont mes enfants.**
	[sə sɔ̃ mezɑ̃fɑ̃]
Estes são os nossos filhos.	**Ce sont nos enfants.**
	[sə sɔ̃ nozɑ̃fɑ̃]

Despedidas

Adeus!	**Au revoir!** [o rəvwa:r!]
Tchau!	**Salut!** [saly!]
Até amanhã.	**À demain.** [a dəmɛ̃]
Até breve.	**À bientôt.** [a bjɛ̃to]
Até às sete.	**On se revoit à sept heures.** [ɔ̃ sə rəvwa a sɛt œ:r]
Diverte-te!	**Amusez-vous bien!** [amyze vu bjɛ̃!]
Falamos mais tarde.	**On se voit plus tard.** [ɔ̃ sə vwa ply ta:r]
Bom fim de semana.	**Bonne fin de semaine.** [bɔn fɛ̃ də səmɛn]
Boa noite.	**Bonne nuit.** [bɔn nɥi]
Está na hora.	**Il est l'heure que je parte.** [il ɛ lœr kə ʒə part]
Preciso de ir embora.	**Je dois m'en aller.** [ʒə dwa mãnale]
Volto já.	**Je reviens tout de suite.** [ʒə rəvjɛ̃ tu də sɥit]
Já é tarde.	**Il est tard.** [il ɛ ta:r]
Tenho de me levantar cedo.	**Je dois me lever tôt.** [ʒə dwa mə ləve to]
Vou-me embora amanhã.	**Je pars demain.** [ʒə par dəmɛ̃]
Vamos embora amanhã.	**Nous partons demain.** [nu partɔ̃ dəmɛ̃]
Boa viagem!	**Bon voyage!** [bɔ̃ vwaja:ʒ!]
Tive muito prazer em conhecer-vos.	**Enchanté de faire votre connaissance.** [ãʃãte də fɛr vɔtr kɔnɛsã:s]
Foi muito agradável falar consigo.	**Heureux /Heureuse/ d'avoir parlé avec vous.** [ørø /ørøz/ davwar parle avɛk vu]

Obrigado /Obrigada/ por tudo.

Merci pour tout.
[mɛrsi pur tu]

Passei um tempo muito agradável.

Je me suis vraiment amusé /amusée/
[ʒə mə sɥi vrɛmɑ̃ amyze]

Passámos um tempo muito agradável.

Nous nous sommes vraiment amusés /amusées/
[nu nu sɔm vrɛmɑ̃ amyze]

Foi mesmo fantástico.

C'était vraiment plaisant.
[setɛ vrɛmɑ̃ plɛzɑ̃]

Vou ter saudades suas.

Vous allez me manquer.
[vuzale mə mɑ̃ke]

Vamos ter saudades suas.

Vous allez nous manquer.
[vuzale nu mɑ̃ke]

Boa sorte!

Bonne chance!
[bɔn ʃɑ̃:s!]

Dê cumprimentos a ...

Mes salutations à ...
[me salytasjɔ̃ a ...]

Língua estrangeira

Eu não entendo.	**Je ne comprends pas.** [ʒə nə kɔ̃prɑ̃ pɑ]
Escreva isso, por favor.	**Écrivez-le, s'il vous plaît.** [ekrive lə, sil vu plɛ]
O senhor /a senhora/ fala ...?	**Parlez-vous ...?** [parle vu ...?]

Eu falo um pouco de ...	**Je parle un peu ...** [ʒə parl œ̃ pø ...]
Inglês	**anglais** [ɑ̃glɛ]
Turco	**turc** [tyrk]
Árabe	**arabe** [arab]
Francês	**français** [frɑ̃sɛ]

Alemão	**allemand** [almɑ̃]
Italiano	**italien** [italjɛ̃]
Espanhol	**espagnol** [ɛspaɲɔl]
Português	**portugais** [pɔrtygɛ]
Chinês	**chinois** [ʃinwa]
Japonês	**japonais** [ʒapɔnɛ]

Pode repetir isso, por favor.	**Pouvez-vous le répéter, s'il vous plaît.** [puve vu lə repete, sil vu plɛ]
Compreendo.	**Je comprends.** [ʒə kɔ̃prɑ̃]
Eu não entendo.	**Je ne comprends pas.** [ʒə nə kɔ̃prɑ̃ pɑ]
Por favor fale mais devagar.	**Parlez plus lentement, s'il vous plaît.** [parle ply lɑ̃tmɑ̃, sil vu plɛ]

Isso está certo?	**Est-ce que c'est correct?** [ɛskə sɛ kɔrrɛkt?]
O que é isto? (O que significa?)	**Qu'est-ce que c'est?** [kɛskə sɛ?]

Desculpas

Desculpe-me, por favor.	**Excusez-moi, s'il vous plaît.** [ɛkskyze mwa, sil vu plɛ]
Lamento.	**Je suis désolé /désolée/** [ʒə sɥi dezɔle]
Tenho muita pena.	**Je suis vraiment /désolée/** [ʒə sɥi vrɛmɑ̃ dezɔle]
Desculpe, a culpa é minha.	**Désolé /Désolée/, c'est ma faute.** [dezɔle, sɛ ma fot]
O erro foi meu.	**Au temps pour moi.** [otɑ̃ pur mwa]

Posso ...?	**Puis-je ... ?** [pɥiʒ ...?]
O senhor /a senhora/ não se importa se eu ...?	**Ça vous dérange si je ...?** [sa vu derɑ̃ʒ si ʒə ...?]
Não faz mal.	**Ce n'est pas grave.** [sə nɛ pɑ graːv]
Está tudo em ordem.	**Ça va.** [sa va]
Não se preocupe.	**Ne vous inquiétez pas.** [nə vuzɛ̃kjete pɑ]

Acordo

Sim.	**Oui** [wi]
Sim, claro.	**Oui, bien sûr.** [wi, bjɛ̃ sy:r]
Está bem!	**Bien.** [bjɛ̃]
Muito bem.	**Très bien.** [trɛ bjɛ̃]
Claro!	**Bien sûr!** [bjɛ̃sy:r!]
Concordo.	**Je suis d'accord.** [ʒə sɥi dakɔ:r]
Certo.	**C'est correct.** [sɛ kɔrrɛkt]
Correto.	**C'est exact.** [sɛtɛgzakt]
Tem razão.	**Vous avez raison.** [vuzave rɛzõ]
Eu não me oponho.	**Je ne suis pas contre.** [ʒə nə sɥi pɑ kõtr]
Absolutamente certo.	**Tout à fait correct.** [tutafɛ kɔrrɛkt]
É possível.	**C'est possible.** [sɛ pɔsibl]
É uma boa ideia.	**C'est une bonne idée.** [sɛtyn bɔn ide]
Não posso recusar.	**Je ne peux pas dire non.** [ʒə nə pø pɑ dir nõ]
Terei muito gosto.	**J'en serai ravi /ravie/** [ʒɑ̃ səre ravi:]
Com prazer.	**Avec plaisir.** [avɛk plezi:r]

Recusa. Expressão de dúvida

Não.	**Non** [nɔ̃]
Claro que não.	**Absolument pas.** [absɔlymã pɑ]
Não concordo.	**Je ne suis pas d'accord.** [ʒə nə sɥi pɑ dakɔ:r]
Não creio.	**Je ne le crois pas.** [ʒə nə lə krwa pɑ]
Isso não é verdade.	**Ce n'est pas vrai.** [sə nɛ pɑ vrɛ]
O senhor /a senhora/ não tem razão.	**Vous avez tort.** [vuzave tɔ:r]
Acho que o senhor /a senhora/ não tem razão.	**Je pense que vous avez tort.** [ʒə pɑ̃s kə vuzave tɔ:r]
Não tenho a certeza.	**Je ne suis pas sûr /sûre/** [ʒə nə sɥi pɑ sy:r]
É impossível.	**C'est impossible.** [sɛtɛ̃pɔsibl]
De modo algum!	**Pas du tout!** [pɑ dy tu!]
Exatamente o contrário.	**Au contraire!** [o kɔ̃trɛ:r!]
Sou contra.	**Je suis contre.** [ʒə sɥi kɔ̃tr]
Não me importo.	**Ça m'est égal.** [sa mɛ tegal]
Não faço ideia.	**Je n'ai aucune idée.** [ʒə ne okyn ide]
Não creio.	**Je doute que cela soit ainsi.** [ʒə dut kə səla swa ɛ̃si]
Desculpe, mas não posso.	**Désolé /Désolée/, je ne peux pas.** [dezɔle, ʒə nə pø pɑ]
Desculpe, mas não quero.	**Désolé /Désolée/, je ne veux pas.** [dezɔle, ʒə nə vø pɑ]
Desculpe, não quero isso.	**Merci, mais ça ne m'intéresse pas.** [mɛrsi, mɛ sa nə mɛ̃terɛs pɑ]
Já é muito tarde.	**Il se fait tard.** [il sə fɛ ta:r]

Tenho de me levantar cedo. **Je dois me lever tôt.**
[ʒə dwa mə ləve to]

Não me sinto bem. **Je ne me sens pas bien.**
[ʒə nə mə sã pɑ bjɛ̃]

Expressão de gratidão

Obrigado /Obrigada/.	**Merci.** [mɛrsi]
Muito obrigado /obrigada/.	**Merci beaucoup.** [mɛrsi boku]

Fico muito grato /grata/.	**Je l'apprécie beaucoup.** [ʒə lapresi boku]
Estou-lhe muito reconhecido.	**Je vous suis très reconnaissant.** [ʒə vu sɥi trɛ rəkɔnɛsɑ̃]
Estamos-lhe muito reconhecidos.	**Nous vous sommes très reconnaissant.** [nu vu sɔm trɛ rəkɔnɛsɑ̃]

Obrigado /Obrigada/ pelo seu tempo.	**Merci pour votre temps.** [mɛrsi pur vɔtr tɑ̃]
Obrigado /Obrigada/ por tudo.	**Merci pour tout.** [mɛrsi pur tu]

Obrigado /Obrigada/ ...	**Merci pour ...** [mɛrsi pur ...]
... pela sua ajuda	**votre aide** [vɔtr ɛd]
... por este tempo bem passado	**les bons moments passés** [le bɔ̃ mɔmɑ̃ pase]

... pela comida deliciosa	**un repas merveilleux** [œ̃ rəpa mɛrvɛjø]
... por esta noite agradável	**cette agréable soirée** [sɛt agreabl sware]
... pelo dia maravilhoso	**cette merveilleuse journée** [sɛt mɛrvɛjøz ʒurne]
... pela jornada fantástica	**une excursion extraordinaire** [yn ɛkskyrsjɔ̃ ɛkstraɔrdinɛr]

Não tem de quê.	**Il n'y a pas de quoi.** [il njapa də kwa]
Não precisa agradecer.	**Je vous en prie.** [ʒə vuzɑ̃pri]
Disponha sempre.	**Mon plaisir.** [mɔ̃ pleziːr]
Foi um prazer ajudar.	**J'ai été heureux /heureuse/ de vous aider.** [ʒe ete ørø /ørøz/ də vuzɛde]

Esqueça isso.

Ça va. N'y pensez plus.
[sa va. ni pãse ply]

Não se preocupe.

Ne vous inquiétez pas.
[nə vuzɛ̃kjete pɑ]

Parabéns. Cumprimentos

Parabéns!	**Félicitations!** [felisitasjõ!]
Feliz aniversário!	**Joyeux anniversaire!** [ʒwajø zanivɛrsɛ:r!]
Feliz Natal!	**Joyeux Noël!** [ʒwajø nɔɛl!]
Feliz Ano Novo!	**Bonne Année!** [bɔn ane!]

Feliz Páscoa!	**Joyeuses Pâques!** [ʒwajøz pɑk!]
Feliz Hanukkah!	**Joyeux Hanoukka!** [ʒwajø anuka!]

Gostaria de fazer um brinde.	**Je voudrais proposer un toast.** [ʒə vudrɛ prɔpoze œ̃ tost]
Saúde!	**Santé!** [sɑ̃te!]
Bebamos a ...!	**Buvons à ...!** [byvõ a ...!]
Ao nosso sucesso!	**À notre succès!** [a nɔtr syksɛ!]
Ao vosso sucesso!	**À votre succès!** [a vɔtr syksɛ!]

Boa sorte!	**Bonne chance!** [bɔn ʃɑ̃:s!]
Tenha um bom dia!	**Bonne journée!** [bɔn ʒurne!]
Tenha um bom feriado!	**Passez de bonnes vacances !** [pɑse də bɔn vakɑ̃s!]
Tenha uma viagem segura!	**Bon voyage!** [bõ vwaja:ʒ!]
Espero que melhore em breve!	**Rétablissez-vous vite.** [retablise-vu vit]

Socializando

Porque é que está chateado /chateada/?	**Pourquoi êtes-vous si triste?** [purkwa ɛt-vu si trist?]
Sorria!	**Souriez!** [surje!]
Está livre esta noite?	**Êtes-vous libre ce soir?** [ɛt-vu libr sə swa:r?]
Posso oferecer-lhe algo para beber?	**Puis-je vous offrir un verre?** [pɥiʒ vu zɔfrir œ̃ vɛ:r?]
Você quer dançar?	**Voulez-vous danser?** [vule-vu dɑ̃se?]
Vamos ao cinema.	**Et si on va au cinéma?** [e si ɔ̃va o sinema?]
Gostaria de a convidar para ir ...	**Puis-je vous inviter ...?** [pɥiʒ vu zɛ̃vite ...?]
ao restaurante	**au restaurant** [o rɛstɔrɑ̃]
ao cinema	**au cinéma** [o sinema]
ao teatro	**au théâtre** [o teɑtr]
passear	**pour une promenade** [pur yn prɔmnad]
A que horas?	**À quelle heure?** [a kɛl œ:r?]
hoje à noite	**ce soir** [sə swar]
às 6 horas	**à six heures** [a siz œ:r]
às 7 horas	**à sept heures** [a sɛt œ:r]
às 8 horas	**à huit heures** [a ɥit œ:r]
às 9 horas	**à neuf heures** [a nœv œ:r]
Gosta deste local?	**Est-ce que vous aimez cet endroit?** [ɛskə vuzɛme sɛt ɑ̃drwa?]
Está com alguém?	**Êtes-vous ici avec quelqu'un?** [ɛt-vu isi avɛk kelkœ̃?]
Estou com o meu amigo.	**Je suis avec mon ami.** [ʒə sɥi avɛk mɔn ami]

Estou com os meus amigos.	**Je suis avec mes amis.** [ʒə sɥi avɛk mezami]
Não, estou sozinho /sozinha/.	**Non, je suis seul /seule/** [nɔ̃, ʒə sɥi sœl]

Tens namorado?	**As-tu un copain?** [a ty œ̃ kɔpɛ̃?]
Tenho namorado.	**J'ai un copain.** [ʒe œ̃ kɔpɛ̃]
Tens namorada?	**As-tu une copine?** [a ty yn kɔpin?]
Tenho namorada.	**J'ai une copine.** [ʒe yn kɔpin]

Posso voltar a vêr-te?	**Est-ce que je peux te revoir?** [ɛskə ʒə pø tə rəvwa:r?]
Posso ligar-te?	**Est-ce que je peux t'appeler?** [ɛskə ʒə pø taple?]
Liga-me.	**Appelle-moi.** [apɛl mwa]
Qual é o teu número?	**Quel est ton numéro?** [kɛl ɛ tɔ̃ nymero?]
Tenho saudades tuas.	**Tu me manques.** [ty mə mɑ̃:k]

Tem um nome muito bonito.	**Vous avez un très beau nom.** [vuzave œ̃ trɛ bo nɔ̃]
Amo-te.	**Je t'aime.** [ʒə tɛm]
Quer casar comigo?	**Veux-tu te marier avec moi?** [vø-ty tə marje avɛk mwa?]
Você está a brincar!	**Vous plaisantez!** [vu plɛzɑ̃te!]
Estou só a brincar.	**Je plaisante.** [ʒə plɛzɑ̃:t]

Está a falar a sério?	**Êtes-vous sérieux /sérieuse/?** [ɛt-vu serjø /serjøz/?]
Estou a falar a sério.	**Je suis sérieux /sérieuse/** [ʒə sɥi serjø /serjøz/]
De verdade?!	**Vraiment?!** [vrɛmɑ̃?!]
Incrível!	**C'est incroyable!** [sɛtɛ̃krwajabl!]
Não acredito.	**Je ne vous crois pas.** [ʒə nə vu krwa pɑ]

Não posso.	**Je ne peux pas.** [ʒə nə pø pɑ]
Não sei.	**Je ne sais pas.** [ʒə nə sɛ pɑ]

Não entendo o que está a dizer.	**Je ne vous comprends pas** [ʒə nə vu kɔ̃prɑ̃ pɑ]
Saia, por favor.	**Laissez-moi! Allez-vous-en!** [lɛse-mwa! ale-vuzɑ̃!]
Deixe-me em paz!	**Laissez-moi tranquille!** [lɛse-mwa trɑ̃kil!]

Eu não o suporto.	**Je ne le supporte pas.** [ʒə nə lə sypɔrt pɑ]
Você é detestável!	**Vous êtes dégoûtant!** [vuzɛt degutɑ̃!]
Vou chamar a polícia!	**Je vais appeler la police!** [ʒə ve aple la pɔlis!]

Partilha de impressões. Emoções

Gosto disto.

J'aime ça.
[ʒɛm sa]

É muito simpático.

C'est gentil.
[sɛ ʒãti]

Fixe!

C'est super!
[sɛ sypɛr!]

Não é mau.

C'est assez bien.
[sɛtase bjɛ̃]

Não gosto disto.

Je n'aime pas ça.
[ʒə nɛm pɑ sa]

Isso não está certo.

Ce n'est pas bien.
[sə nɛ pɑ bjɛ̃]

Isso é mau.

C'est mauvais.
[sɛ mɔvɛ]

Isso é muito mau.

Ce n'est pas bien du tout.
[sə nɛ pɑ bjɛ̃ dy tu]

Isso é asqueroso.

C'est dégoûtant.
[sɛ degutã]

Estou feliz.

Je suis content /contente/
[ʒə sψi kõtã /kõtãt/]

Estou contente.

Je suis heureux /heureuse/
[ʒə sψi ørø /ørøz/]

Estou apaixonado /apaixonada/.

Je suis amoureux /amoureuse/
[ʒə sψi amurø /amurøz/]

Estou calmo /calma/.

Je suis calme.
[ʒə sψi kalm]

Estou aborrecido /aborrecida/.

Je m'ennuie.
[ʒə mãnψi]

Estou cansado /cansada/.

Je suis fatigué /fatiguée/
[ʒə sψi fatige]

Estou triste.

Je suis triste.
[ʒə sψi trist]

Estou apavorado /apavorada/.

J'ai peur.
[ʒe pœːr]

Estou zangado /zangada/.

Je suis fâché /fâchée/
[ʒə sψi faʃe]

Estou preocupado /preocupada/.

Je suis inquiet /inquiète/
[ʒə sψi ɛ̃kjɛ /ɛ̃kjɛt/]

Estou nervoso /nervosa/.

Je suis nerveux /nerveuse/
[ʒə sψi nɛrvø /nɛrvøz/]

Estou ciumento /ciumenta/.

Je suis jaloux /jalouse/
[ʒə sɥi ʒalu /ʒaluz/]

Estou surpreendido /surpreendida/.

Je suis surpris /surprise/
[ʒə sɥi syrpri /syrpriz/]

Estou perplexo /perplexa/.

Je suis gêné /gênée/
[ʒə sɥi ʒɛne]

Problemas. Acidentes

Tenho um problema.	**J'ai un problème.** [ʒe œ̃ prɔblɛm]
Temos um problema.	**Nous avons un problème.** [nuzavɔ̃ œ̃ prɔblɛm]
Estou perdido.	**Je suis perdu /perdue/** [ʒə sɥi pɛrdy]
Perdi o último autocarro.	**J'ai manqué le dernier bus (train).** [ʒe mãke lə dɛrnje bys (trɛ̃)]
Não me resta nenhum dinheiro.	**Je n'ai plus d'argent.** [ʒə ne ply darʒã]
Eu perdi ...	**J'ai perdu mon ...** [ʒe pɛrdy mɔ̃ ...]
Roubaram-me ...	**On m'a volé mon ...** [ɔ̃ ma vɔle mɔ̃ ...]
o meu passaporte	**passeport** [paspɔ:r]
a minha carteira	**portefeuille** [pɔrtəfœj]
os meus papéis	**papiers** [papje]
o meu bilhete	**billet** [bijɛ]
o dinheiro	**argent** [arʒã]
a minha mala	**sac à main** [sak a mɛ̃]
a minha camara	**appareil photo** [aparɛj fɔto]
o meu computador	**portable** [pɔrtabl]
o meu tablet	**ma tablette** [ma tablɛt]
o meu telemóvel	**mobile** [mɔbil]
Ajude-me!	**Au secours!** [o səku:r!]
O que é que aconteceu?	**Qu'est-il arrivé?** [kɛtil arive?]
fogo	**un incendie** [œn ɛ̃sãdi]

tiroteio	**des coups de feu** [de ku də fø]
assassínio	**un meurtre** [œ̃ mœrtr]
explosão	**une explosion** [yn ɛksplozjɔ̃]
briga	**une bagarre** [yn bagar]

Chame a polícia!	**Appelez la police!** [aple la polis!]
Mais depressa, por favor!	**Dépêchez-vous, s'il vous plaît!** [depɛʃe-vu, sil vu plɛ!]
Estou à procura de uma esquadra de polícia.	**Je cherche le commissariat de police.** [ʒə ʃɛrʃ lə kɔmisarja də polis]
Preciso de telefonar.	**Il me faut faire un appel.** [il mə fo fɛr œn apɛl]
Posso telefonar?	**Puis-je utiliser votre téléphone?** [pɥiʒ ytilize vɔtr telefɔn?]

Fui ...	**J'ai été ...** [ʒe ete ...]
assaltado /assaltada/	**agressé /agressée/** [agrɛse]
roubado /roubada/	**volé /volée/** [vɔle]
violada	**violée** [vjɔle]
atacado /atacada/	**attaqué /attaquée/** [atake]

Está tudo bem consigo?	**Est-ce que ça va?** [ɛskə sa va?]
Viu quem foi?	**Avez-vous vu qui c'était?** [ave vu vy ki setɛ?]
Seria capaz de reconhecer a pessoa?	**Pourriez-vous reconnaître cette personne?** [purje-vu rəkɔnɛtr sɛt pɛrsɔn?]
Tem a certeza?	**Vous êtes sûr?** [vuzɛt syːr?]
Acalme-se, por favor.	**Calmez-vous, s'il vous plaît.** [kalme-vu, sil vu plɛ]
Calma!	**Calmez-vous!** [kalme-vu!]
Não se preocupe.	**Ne vous inquiétez pas.** [nə vuzɛ̃kjete pɑ]
Vai ficar tudo bem.	**Tout ira bien.** [tutira bjɛ̃]
Está tudo em ordem.	**Ça va. Tout va bien.** [sa va. tu va bjɛ̃]

Chegue aqui, por favor.	**Venez ici, s'il vous plaît.** [vəne isi, sil vu plɛ]
Tenho algumas questões a colocar-lhe.	**J'ai des questions à vous poser.** [ʒe de kɛstjɔ̃ a vu poze]
Aguarde um momento, por favor.	**Attendez un moment, s'il vous plaît.** [atɑ̃de œ̃ mɔmɑ̃, sil vu plɛ]
Tem alguma identificação?	**Avez-vous une carte d'identité?** [ave vu yn kart didɑ̃tite?]
Obrigado. Pode ir.	**Merci. Vous pouvez partir maintenant.** [mɛrsi. vu puve partir mɛ̃tnɑ̃]
Mãos atrás da cabeça!	**Les mains derrière la tête!** [le mɛ̃ dɛrjɛr la tɛt!]
Você está preso!	**Vous êtes arrêté!** [vuzɛt arɛte!]

Problemas de saúde

Ajude-me, por favor.	**Aidez-moi, s'il vous plaît.** [ɛde-mwa, sil vu plɛ]
Não me sinto bem.	**Je ne me sens pas bien.** [ʒə nə mə sɑ̃ pɑ bjɛ̃]
O meu marido não se sente bem.	**Mon mari ne se sent pas bien.** [mɔ̃ mari nə sə sɑ̃ pɑ bjɛ̃]
O meu filho ...	**Mon fils ...** [mɔ̃ fis ...]
O meu pai ...	**Mon père ...** [mɔ̃ pɛr ...]
A minha mulher não se sente bem.	**Ma femme ne se sent pas bien.** [ma fam nə sə sɑ̃ pɑ bjɛ̃]
A minha filha ...	**Ma fille ...** [ma fij ...]
A minha mãe ...	**Ma mère ...** [ma mɛr ...]
Tenho uma ...	**J'ai mal ...** [ʒe mal ...]
dor de cabeça	**à la tête** [a la tɛt]
dor de garganta	**à la gorge** [a la gɔrʒ]
dor de barriga	**à l'estomac** [a lɛstɔma]
dor de dentes	**aux dents** [o dɑ̃]
Estou com tonturas.	**J'ai le vertige.** [ʒe lə vɛrti:ʒ]
Ele está com febre.	**Il a de la fièvre.** [il a də la fjɛ:vr]
Ela está com febre.	**Elle a de la fièvre.** [ɛl a də la fjɛ:vr]
Não consigo respirar.	**Je ne peux pas respirer.** [ʒə nə pø pɑ respire]
Estou a sufocar.	**J'ai du mal à respirer.** [ʒe dy mal a respire]
Sou asmático /asmática/.	**Je suis asthmatique.** [ʒə sɥi asmatik]
Sou diabético /diabética/.	**Je suis diabétique.** [ʒə sɥi djabetik]

Estou com insónia.	**Je ne peux pas dormir.** [ʒə nə pø pɑ dɔrmiːr]
intoxicação alimentar	**intoxication alimentaire** [ɛ̃tɔksikasjɔ̃ alimɑ̃tɛr]

Dói aqui.	**Ça fait mal ici.** [sa fɛ mal isi]
Ajude-me!	**Aidez-moi!** [ɛde-mwa!]
Estou aqui!	**Je suis ici!** [ʒə sɥi isi!]
Estamos aqui!	**Nous sommes ici!** [nu sɔm isi!]
Tirem-me daqui!	**Sortez-moi d'ici!** [sɔrte mwa disi!]
Preciso de um médico.	**J'ai besoin d'un docteur.** [ʒe bəzwɛ̃ dœ̃ dɔktœːr]
Não me consigo mexer.	**Je ne peux pas bouger!** [ʒə nə pø pɑ buʒe!]
Não consigo mover as pernas.	**Je ne peux pas bouger mes jambes.** [ʒə nə pø pɑ buʒe me ʒɑ̃ːb]

Estou ferido.	**Je suis blessé /blessée/** [ʒə sɥi blɛse]
É grave?	**Est-ce que c'est sérieux?** [ɛskə sɛ serjø?]
Tenho os documentos no bolso.	**Mes papiers sont dans ma poche.** [me papje sɔ̃ dɑ̃ ma pɔʃ]
Acalme-se!	**Calmez-vous!** [kalme vu!]
Posso telefonar?	**Puis-je utiliser votre téléphone?** [pɥiʒ ytilize vɔtr telefɔn?]

Chame uma ambulância!	**Appelez une ambulance!** [aple yn ɑ̃bylɑ̃ːs!]
É urgente!	**C'est urgent!** [sɛtyrʒɑ̃!]
É uma emergência!	**C'est une urgence!** [sɛtyn yrʒɑ̃ːs!]
Mais depressa, por favor!	**Dépêchez-vous, s'il vous plaît!** [depɛʃe-vu, sil vu plɛ!]
Chame o médico, por favor.	**Appelez le docteur, s'il vous plaît.** [aple lə dɔktœːr, sil vu plɛ]
Onde fica o hospital?	**Où est l'hôpital?** [u ɛ lɔpital?]

Como se sente?	**Comment vous sentez-vous?** [kɔmɑ̃ vu sɑ̃te-vu?]
Está tudo bem consigo?	**Est-ce que ça va?** [ɛskə sa va?]
O que é que aconteceu?	**Qu'est-il arrivé?** [kɛtil arive?]

Já me sinto melhor. **Je me sens mieux maintenant.**
[ʒə mə sã mjø mɛ̃tnã]

Está tudo em ordem. **Ça va. Tout va bien.**
[sa va. tu va bjɛ̃]

Tubo bem. **Ça va.**
[sa va]

Na farmácia

farmácia	**pharmacie** [farmasi]
farmácia de serviço	**pharmacie 24 heures** [farmasi vɛ̃katr œr]
Onde fica a farmácia mais próxima?	**Où se trouve la pharmacie** **la plus proche?** [u sə truv la farmasi la ply prɔʃ?]
Está aberto agora?	**Est-elle ouverte en ce moment?** [ɛtɛl uvɛrt ɑ̃ sə mɔmɑ̃?]
A que horas abre?	**À quelle heure ouvre-t-elle?** [a kɛl œr uvr tɛl?]
A que horas fecha?	**à quelle heure ferme-t-elle?** [a kɛl œr fɛrm tɛl?]
Fica longe?	**C'est loin?** [sɛ lwɛ̃?]
Posso ir até lá a pé?	**Est-ce que je peux y aller à pied?** [ɛskə ʒə pø i ale a pje?]
Pode-me mostrar no mapa?	**Pouvez-vous me le montrer** **sur la carte?** [puve vu mə lə mɔ̃tre syr la kart?]
Por favor dê-me algo para ...	**Pouvez-vous me donner** **quelque chose contre ...** [puve vu mə dɔne kɛlkə ʃoz kɔ̃tr ...]
as dores de cabeça	**le mal de tête** [lə mal də tɛt]
a tosse	**la toux** [la tu]
o resfriado	**le rhume** [lə rym]
a gripe	**la grippe** [la grip]
a febre	**la fièvre** [la fjɛːvr]
uma dor de estômago	**un mal d'estomac** [œ̃ mal dɛstɔma]
as náuseas	**la nausée** [la noze]

a diarreia	**la diarrhée** [la djare]
a constipação	**la constipation** [la kɔ̃stipasjɔ̃]
as dores nas costas	**un mal de dos** [œ̃ mal də do]
as dores no peito	**les douleurs de poitrine** [le dulœr də pwatrin]
a sutura	**les points de côté** [le pwɛ̃ də kote]
as dores abdominais	**les douleurs abdominales** [le dulœr abdɔminal]
comprimido	**une pilule** [yn pilyl]
unguento, creme	**un onguent, une crème** [œn ɔ̃gɑ̃, yn krɛm]
charope	**un sirop** [œ̃ siro]
spray	**un spray** [œ̃ sprɛ]
dropes	**les gouttes** [le gut]
Você precisa de ir ao hospital.	**Vous devez allez à l'hôpital.** [vu dəve ale a lɔpital]
seguro de saúde	**assurance maladie** [asyrɑ̃s maladi]
prescrição	**prescription** [prɛskripsjɔ̃]
repelente de insetos	**produit anti-insecte** [prɔdɥi ɑ̃ti-ɛ̃sɛkt]
penso rápido	**bandages adhésifs** [bɑ̃daʒ adezif]

O mínimo

Desculpe, ...	**Excusez-moi, ...** [ɛkskyze mwa, ...]
Olá!	**Bonjour** [bɔ̃ʒu:r]
Obrigado /Obrigada/.	**Merci** [mɛrsi]
Adeus.	**Au revoir** [o rəvwa:r]
Sim.	**Oui** [wi]
Não.	**Non** [nɔ̃]
Não sei.	**Je ne sais pas.** [ʒə nə sɛ pɑ]
Onde? | Para onde? | Quando?	**Où? | Où? | Quand?** [u? | u? | kɑ̃?]

Preciso de ...	**J'ai besoin de ...** [ʒe bəzwɛ̃ də ...]
Eu queria ...	**Je veux ...** [ʒə vø ...]
Tem ...?	**Avez-vous ... ?** [ave vu ...?]
Há aqui ...?	**Est-ce qu'il y a ... ici?** [ɛs kilja ... isí?]
Posso ...?	**Puis-je ... ?** [pɥiʒ ...?]
..., por favor	**..., s'il vous plaît** [..., sil vu plɛ]

Estou à procura de ...	**Je cherche ...** [ʒə ʃɛrʃ ...]
casa de banho	**les toilettes** [le twalɛt]
Multibanco	**un distributeur** [œ̃ distribytœ:r]
farmácia	**une pharmacie** [yn farmasi]
hospital	**l'hôpital** [lɔpital]
esquadra de polícia	**le commissariat de police** [lə kɔmisarja də polis]
metro	**une station de métro** [yn stasjɔ̃ də metro]

táxi	**un taxi**
	[œ̃ taksi]
estação de comboio	**la gare**
	[la gar]

Chamo-me ...	**Je m'appelle ...**
	[ʒə mapɛl ...]
Como se chama?	**Comment vous appelez-vous?**
	[kɔmã vuzaple-vu?]
Pode-me dar uma ajuda?	**Aidez-moi, s'il vous plaît.**
	[ɛde-mwa, sil vu plɛ]
Tenho um problema.	**J'ai un problème.**
	[ʒe œ̃ prɔblɛm]
Não me sinto bem.	**Je ne me sens pas bien.**
	[ʒə nə mə sã pɑ bjɛ̃]
Chame a ambulância!	**Appelez une ambulance!**
	[aple yn ãbylã:s!]
Posso fazer uma chamada?	**Puis-je faire un appel?**
	[pɥiʒ fɛr œn apɛl?]

Desculpe.	**Excusez-moi.**
	[ɛkskyze mwa]
De nada.	**Je vous en prie.**
	[ʒə vuzãpri]

eu	**je, moi**
	[ʒə, mwa]
tu	**tu, toi**
	[ty, twa]
ele	**il**
	[il]
ela	**elle**
	[ɛl]
eles	**ils**
	[il]
elas	**elles**
	[ɛl]
nós	**nous**
	[nu]
vocês	**vous**
	[vu]
você	**Vous**
	[vu]

ENTRADA	**ENTRÉE**
	[ãtre]
SAÍDA	**SORTIE**
	[sɔrti]
FORA DE SERVIÇO	**HORS SERVICE | EN PANNE**
	[ɔr sɛrvis | ã pan]
FECHADO	**FERMÉ**
	[fɛrme]

ABERTO

OUVERT
[uvɛr]

PARA SENHORAS

POUR LES FEMMES
[pur le fam]

PARA HOMENS

POUR LES HOMMES
[pur le zɔm]

T&P BOOKS

MINI DICIONÁRIO

Esta secção contém 250 palavras úteis necessárias para a comunicação do dia a dia. Irá encontrar aqui os nomes dos meses e dias da semana. O dicionário contém também temas como cores, medidas, família e muito mais

T&P Books Publishing

CONTEÚDO DO DICIONÁRIO

T&P Books Publishing

tempo (m)	**temps** (m)	[tɑ̃]
hora (f)	**heure** (f)	[œr]
meia hora (f)	**demi-heure** (f)	[dəmijœr]
minuto (m)	**minute** (f)	[minyt]
segundo (m)	**seconde** (f)	[səgɔ̃d]
hoje	**aujourd'hui** (adv)	[oʒurdɥi]
amanhã	**demain** (adv)	[dəmɛ̃]
ontem	**hier** (adv)	[ijɛr]
segunda-feira (f)	**lundi** (m)	[lœ̃di]
terça-feira (f)	**mardi** (m)	[mardi]
quarta-feira (f)	**mercredi** (m)	[mɛrkrədi]
quinta-feira (f)	**jeudi** (m)	[ʒødi]
sexta-feira (f)	**vendredi** (m)	[vɑ̃drədi]
sábado (m)	**samedi** (m)	[samdi]
domingo (m)	**dimanche** (m)	[dimɑ̃ʃ]
dia (m)	**jour** (m)	[ʒur]
dia (m) de trabalho	**jour** (m) **ouvrable**	[ʒur uvrabl]
feriado (m)	**jour** (m) **férié**	[ʒur ferje]
fim (m) de semana	**week-end** (m)	[wikɛnd]
semana (f)	**semaine** (f)	[səmɛn]
na semana passada	**la semaine dernière**	[la səmɛn dɛrnjɛr]
na próxima semana	**la semaine prochaine**	[la səmɛn prɔʃɛn]
de manhã	**le matin**	[lə matɛ̃]
à tarde	**dans l'après-midi**	[dɑ̃ laprɛmidi]
à noite (noitinha)	**le soir**	[lə swar]
hoje à noite	**ce soir**	[sə swar]
à noite	**la nuit**	[la nɥi]
meia-noite (f)	**minuit** (f)	[minɥi]
janeiro (m)	**janvier** (m)	[ʒɑ̃vje]
fevereiro (m)	**février** (m)	[fevrije]
março (m)	**mars** (m)	[mars]
abril (m)	**avril** (m)	[avril]
maio (m)	**mai** (m)	[mɛ]
junho (m)	**juin** (m)	[ʒɥɛ̃]
julho (m)	**juillet** (m)	[ʒɥijɛ]
agosto (m)	**août** (m)	[ut]

setembro (m)	septembre (m)	[separemã]
outubro (m)	octobre (m)	[ɔktɔbr]
novembro (m)	novembre (m)	[nɔvãbr]
dezembro (m)	décembre (m)	[desãbr]

na primavera	au printemps	[oprɛ̃tã]
no verão	en été	[ɑn ete]
no outono	en automne	[ɑn otɔn]
no inverno	en hiver	[ɑn ivɛr]

mês (m)	mois (m)	[mwa]
estação (f)	saison (f)	[sɛzɔ̃]
ano (m)	année (f)	[ane]

2. Números. Numeração

zero	zéro	[zero]
um	un	[œ̃]
dois	deux	[dø]
três	trois	[trwa]
quatro	quatre	[katr]

cinco	cinq	[sɛ̃k]
seis	six	[sis]
sete	sept	[sɛt]
oito	huit	[ɥit]
nove	neuf	[nœf]
dez	dix	[dis]

onze	onze	[ɔ̃z]
doze	douze	[duz]
treze	treize	[trɛz]
catorze	quatorze	[katɔrz]
quinze	quinze	[kɛ̃z]

dezasseis	seize	[sɛz]
dezassete	dix-sept	[disɛt]
dezoito	dix-huit	[dizɥit]
dezanove	dix-neuf	[diznœf]

vinte	vingt	[vɛ̃]
trinta	trente	[trãt]
quarenta	quarante	[karãt]
cinquenta	cinquante	[sɛ̃kãt]

sessenta	soixante	[swasãt]
setenta	soixante-dix	[swasãtdis]
oitenta	quatre-vingts	[katrəvɛ̃]
noventa	quatre-vingt-dix	[katrəvɛ̃dis]
cem	cent	[sã]

duzentos	deux cents	[dø sã]
trezentos	trois cents	[trwa sã]
quatrocentos	quatre cents	[katr sã]
quinhentos	cinq cents	[sɛ̃k sã]

seiscentos	six cents	[si sã]
setecentos	sept cents	[sɛt sã]
oitocentos	huit cents	[ɥi sã]
novecentos	neuf cents	[nœf sã]
mil	mille	[mil]

| dez mil | dix mille | [di mil] |
| cem mil | cent mille | [sã mil] |

| um milhão | million (m) | [miljõ] |
| mil milhões | milliard (m) | [miljar] |

3. Humanos. Família

homem (m)	homme (m)	[ɔm]
jovem (m)	jeune homme (m)	[ʒœn ɔm]
mulher (f)	femme (f)	[fam]
rapariga (f)	jeune fille (f)	[ʒœn fij]
velhote (m)	vieillard (m)	[vjɛjar]
velhota (f)	vieille femme (f)	[vjɛj fam]

mãe (f)	mère (f)	[mɛr]
pai (m)	père (m)	[pɛr]
filho (m)	fils (m)	[fis]
filha (f)	fille (f)	[fij]
irmão (m)	frère (m)	[frɛr]
irmã (f)	sœur (f)	[sœr]

pais (pl)	parents (pl)	[parã]
criança (f)	enfant (m, f)	[ãfã]
crianças (f pl)	enfants (pl)	[ãfã]
madrasta (f)	belle-mère, marâtre (f)	[bɛlmɛr], [maratr]
padrasto (m)	beau-père (m)	[bopɛr]

avó (f)	grand-mère (f)	[grãmɛr]
avô (m)	grand-père (m)	[grãpɛr]
neto (m)	petit-fils (m)	[pti fis]
neta (f)	petite-fille (f)	[ptit fij]
netos (pl)	petits-enfants (pl)	[pətizãfã]

tio (m)	oncle (m)	[õkl]
tia (f)	tante (f)	[tãt]
sobrinho (m)	neveu (m)	[nəvø]
sobrinha (f)	nièce (f)	[njɛs]
mulher (f)	femme (f)	[fam]

marido (m)	**mari** (m)	[mari]
casado	**marié** (adj)	[marje]
casada	**mariée** (adj)	[marje]
viúva (f)	**veuve** (f)	[vœv]
viúvo (m)	**veuf** (m)	[vœf]
nome (m)	**prénom** (m)	[prenõ]
apelido (m)	**nom** (m) **de famille**	[nõ də famij]
parente (m)	**parent** (m)	[parã]
amigo (m)	**ami** (m)	[ami]
amizade (f)	**amitié** (f)	[amitje]
parceiro (m)	**partenaire** (m)	[partənɛr]
superior (m)	**supérieur** (m)	[syperjœr]
colega (m)	**collègue** (m, f)	[kɔlɛg]
vizinhos (pl)	**voisins** (m pl)	[vwazɛ̃]

4. Corpo humano

corpo (m)	**corps** (m)	[kɔr]
coração (m)	**cœur** (m)	[kœr]
sangue (m)	**sang** (m)	[sã]
cérebro (m)	**cerveau** (m)	[sɛrvo]
osso (m)	**os** (m)	[ɔs]
coluna (f) vertebral	**colonne** (f) **vertébrale**	[kɔlɔn vɛrtebral]
costela (f)	**côte** (f)	[kot]
pulmões (m pl)	**poumons** (m pl)	[pumõ]
pele (f)	**peau** (f)	[po]
cabeça (f)	**tête** (f)	[tɛt]
cara (f)	**visage** (m)	[vizaʒ]
nariz (m)	**nez** (m)	[ne]
testa (f)	**front** (m)	[frõ]
bochecha (f)	**joue** (f)	[ʒu]
boca (f)	**bouche** (f)	[buʃ]
língua (f)	**langue** (f)	[lãg]
dente (m)	**dent** (f)	[dã]
lábios (m pl)	**lèvres** (f pl)	[lɛvr]
queixo (m)	**menton** (m)	[mãtõ]
orelha (f)	**oreille** (f)	[ɔrɛj]
pescoço (m)	**cou** (m)	[ku]
olho (m)	**œil** (m)	[œj]
pupila (f)	**pupille** (f)	[pypij]
sobrancelha (f)	**sourcil** (m)	[sursi]
pestana (f)	**cil** (m)	[sil]
cabelos (m pl)	**cheveux** (m pl)	[ʃəvø]

penteado (m)	coiffure (f)	[kwafyr]
bigode (m)	moustache (f)	[mustaʃ]
barba (f)	barbe (f)	[barb]
usar, ter (~ barba, etc.)	porter (vt)	[pɔrte]
calvo	chauve (adj)	[ʃov]
mão (f)	main (f)	[mɛ̃]
braço (m)	bras (m)	[bra]
dedo (m)	doigt (m)	[dwa]
unha (f)	ongle (m)	[ɔ̃gl]
palma (f) da mão	paume (f)	[pom]
ombro (m)	épaule (f)	[epol]
perna (f)	jambe (f)	[ʒɑ̃b]
joelho (m)	genou (m)	[ʒənu]
talão (m)	talon (m)	[talɔ̃]
costas (f pl)	dos (m)	[do]

5. Vestuário. Acessórios pessoais

roupa (f)	vêtement (m)	[vɛtmɑ̃]
sobretudo (m)	manteau (m)	[mɑ̃to]
casaco (m) de peles	manteau (m) de fourrure	[mɑ̃to də furyr]
casaco, blusão (m)	veste (f)	[vɛst]
impermeável (m)	imperméable (m)	[ɛ̃pɛrmeabl]
camisa (f)	chemise (f)	[ʃəmiz]
calças (f pl)	pantalon (m)	[pɑ̃talɔ̃]
casaco (m) de fato	veston (m)	[vɛstɔ̃]
fato (m)	complet (m)	[kɔ̃plɛ]
vestido (ex. ~ vermelho)	robe (f)	[rɔb]
saia (f)	jupe (f)	[ʒyp]
T-shirt, camiseta (f)	tee-shirt (m)	[tiʃœrt]
roupão (m) de banho	peignoir (m) de bain	[pɛɲwar də bɛ̃]
pijama (m)	pyjama (m)	[piʒama]
roupa (f) de trabalho	tenue (f) de travail	[təny də travaj]
roupa (f) interior	sous-vêtements (m pl)	[suvɛtmɑ̃]
peúgas (f pl)	chaussettes (f pl)	[ʃosɛt]
sutiã (m)	soutien-gorge (m)	[sutjɛ̃gɔrʒ]
meias-calças (f pl)	collants (m pl)	[kɔlɑ̃]
meias (f pl)	bas (m pl)	[ba]
fato (m) de banho	maillot (m) de bain	[majo də bɛ̃]
chapéu (m)	chapeau (m)	[ʃapo]
calçado (m)	chaussures (f pl)	[ʃosyr]
botas (f pl)	bottes (f pl)	[bɔt]
salto (m)	talon (m)	[talɔ̃]
atacador (m)	lacet (m)	[lase]

graxa (f) para calçado	cirage (m)	[siraʒ]
luvas (f pl)	gants (m pl)	[gã]
mitenes (f pl)	moufles (f pl)	[mufl]
cachecol (m)	écharpe (f)	[eʃarp]
óculos (m pl)	lunettes (f pl)	[lynɛt]
guarda-chuva (m)	parapluie (m)	[paraplɥi]
gravata (f)	cravate (f)	[kravat]
lenço (m)	mouchoir (m)	[muʃwar]
pente (m)	peigne (m)	[pɛɲ]
escova (f) para o cabelo	brosse (f) à cheveux	[brɔs ɑ ʃəvø]
fivela (f)	boucle (f)	[bukl]
cinto (m)	ceinture (f)	[sɛ̃tyr]
bolsa (f) de senhora	sac (m) à main	[sak ɑ mɛ̃]

6. Casa. Apartamento

apartamento (m)	appartement (m)	[apartəmã]
quarto (m)	chambre (f)	[ʃãbr]
quarto (m) de dormir	chambre (f) à coucher	[ʃãbr ɑ kuʃe]
sala (f) de jantar	salle (f) à manger	[sal ɑ mãʒe]
sala (f) de estar	salon (m)	[salõ]
escritório (m)	bureau (m)	[byro]
antessala (f)	antichambre (f)	[ãtiʃãbr]
quarto (m) de banho	salle (f) de bains	[sal də bɛ̃]
quarto (m) de banho	toilettes (f pl)	[twalɛt]
aspirador (m)	aspirateur (m)	[aspiratœr]
esfregona (f)	balai (m) à franges	[balɛ a frãʒ]
pano (m), trapo (m)	torchon (m)	[tɔrʃõ]
vassoura (f)	balayette (f)	[balɛjɛt]
pá (f) de lixo	pelle (f) à ordures	[pɛl ɑ ɔrdyr]
mobiliário (m)	meubles (m pl)	[mœbl]
mesa (f)	table (f)	[tabl]
cadeira (f)	chaise (f)	[ʃɛz]
cadeirão (m)	fauteuil (m)	[fotœj]
espelho (m)	miroir (m)	[mirwar]
tapete (m)	tapis (m)	[tapi]
lareira (f)	cheminée (f)	[ʃəmine]
cortinas (f pl)	rideaux (m pl)	[rido]
candeeiro (m) de mesa	lampe (f) de table	[lãp də tabl]
lustre (m)	lustre (m)	[lystr]
cozinha (f)	cuisine (f)	[kɥizin]
fogão (m) a gás	cuisinière (f) à gaz	[kɥizinjɛr ɑ gaz]
fogão (m) elétrico	cuisinière (f) électrique	[kɥizinjɛr elɛktrik]

forno (m) de micro-ondas	**four** (m) **micro-ondes**	[fur mikrɔ͂d]
frigorífico (m)	**réfrigérateur** (m)	[refriʒeratœr]
congelador (m)	**congélateur** (m)	[kɔ͂ʒelatœr]
máquina (f) de lavar louça	**lave-vaisselle** (m)	[lavvesɛl]
torneira (f)	**robinet** (m)	[rɔbinɛ]
moedor (m) de carne	**hachoir** (m)	[aʃwar]
espremedor (m)	**centrifugeuse** (f)	[sɑ͂trifyʒøz]
torradeira (f)	**grille-pain** (m)	[grijpɛ͂]
batedeira (f)	**batteur** (m)	[batœr]
máquina (f) de café	**machine** (f) **à café**	[maʃin ɑ kafe]
chaleira (f)	**bouilloire** (f)	[bujwar]
bule (m)	**théière** (f)	[tejɛr]
televisor (m)	**télé** (f)	[tele]
videogravador (m)	**magnétoscope** (m)	[maɲetɔskɔp]
ferro (m) de engomar	**fer** (m) **à repasser**	[fɛr ɑ rəpase]
telefone (m)	**téléphone** (m)	[telefɔn]

www.ingramcontent.com/pod-product-compliance
Lightning Source LLC
Chambersburg PA
CBHW071505070426
42452CB00041B/2307